Manfred Mai · Petra Dorkenwald

Die Schildbürger

Die Schildbürger

Neu erzählt von Manfred Mai
Mit Bildern von Petra Dorkenwald

Hase und Igel®

Für Lehrkräfte gibt es zu diesem Buch
ausführliches Begleitmaterial beim Hase und Igel Verlag.

Originalausgabe

www.hase-und-igel.de
Die Schreibweise folgt den Regeln der neuen Rechtschreibung.
Lektorat: Birgit Fürst
Druck: Himmer AG, Augsburg

ISBN 978-3-86760-121-4
1. Auflage 2010

Inhalt

1. Warum sich die Schildbürger dumm stellten

Vor mehr als fünfhundert Jahren gab es mitten in Deutschland eine kleine Stadt, die Schilda hieß. Ihre Bewohner nannte man die Schildbürger. Sie galten als die dümmsten Menschen im ganzen Land, ja sogar in der ganzen Welt. Deswegen wurden die Schildbürger berühmt und überall lachte man über sie.

„So dumm kann man doch gar nicht sein!", sagten die Leute manchmal, wenn ihnen wieder ein Schildbürgerstreich zu Ohren kam.

Das stimmt, so dumm kann man nicht sein. Und so dumm waren die Schildbürger in Wirklichkeit auch nicht. Sie stellten sich nur so dumm. Aber warum taten sie das?

Um diese Frage zu beantworten, muss man in der Geschichte weiter zurückschauen. Damals lebten in Schilda die klügsten Menschen der ganzen Welt. Von überall her kamen Leute nach Schilda, um sich Rat zu holen. Selbst Kaiser und Könige aus fernen Ländern schickten Boten, wenn sie in einer schwierigen Frage Rat brauchten.

Und weil die Ratschläge immer gut waren, wünschten sich die Herrscher vieler Länder einen Schildbürger als Berater an ihren Hof. Sie versprachen prächtige Geschenke, Geld und Ruhm und manche Schildbürger konnten nicht widerstehen. Mit der Zeit folgten immer mehr Männer den verlockenden Rufen. Obwohl sie aus der Fremde oft Geld nach Hause schickten, ging es mit Schilda bergab. Denn nun blieb alle Arbeit an den Frauen hängen: Sie mussten die Felder pflügen, mussten säen und ernten. Sie mussten das Getreide mahlen und das Brot backen.

Sie mussten Gemüse und Obst auf dem Markt verkaufen. Sie mussten das Vieh versorgen, die Häuser reparieren und natürlich auch noch die Kinder erziehen und unterrichten. Das alles und noch einiges mehr konnten selbst die fleißigsten Frauen nicht schaffen. Vor lauter Arbeit und Sorgen wurden ihre Rücken krumm und schon Frauen im besten Alter kamen daher wie alte Weiber.

Irgendwann wurde es ihnen zu dumm. Sie setzten sich zusammen und schrieben ihren Männern wütende Briefe, in denen sie ihre Not schilderten. Die Briefe endeten alle mit der Aufforderung, umgehend nach Hause zu kommen.

Die Männer erschraken, als sie die Briefe lasen. Sie hatten gedacht, wenn sie regelmäßig Geld nach Hause schickten, sei alles gut. Und nun das! Die meisten verabschiedeten sich von den Herrschern und machten sich so schnell wie möglich auf den Weg zurück nach Schilda. Als sie dort ankamen, erkannten sie ihre Stadt kaum wieder. Die Häuser waren verwahrlost, Kühe und Schweine trieben sich herum, überall stank es fürchterlich, Kinder liefen ungepflegt durch die Gassen und streckten die Zunge heraus.

„Das muss wieder anders werden“, beschlossen die Männer. „Und zwar schnell!“

Sie versammelten sich auf dem Marktplatz unter der Linde, um zu beraten, was nun geschehen sollte. Sie hatten noch keine Lösung gefunden, da kamen schon wieder fünf Boten aus fremden Ländern, die Rat suchten.

„Wir müssen uns zuerst selber beraten“, sagten die Schildbürger und schickten die Boten weg.

„Ich hab's, Männer!“, rief der Schweinehirt. Er war Stadtbaumeister in Pisa gewesen und hatte dort den bekannten Schiefen Turm gebaut. „Die fremden Boten haben mich drauf gebracht.“

„Worauf?“

„Darauf, was schuld ist an dem ganzen Unheil. Die Klugheit! Weil wir so klug sind, haben uns die Herrscher in alle Länder geholt. Also dürfen wir nicht mehr klug sein.“

„Wir sind aber nun mal klug“, erwiderte einer.

„Dann müssen wir uns eben dumm stellen“, hielt der Schweinehirt dagegen. „Nur die Dummheit kann uns retten. Wenn wir für dumm gehalten werden, lassen uns die Herrscher in Ruhe und wir können hier wieder unserer Arbeit nachgehen.“

„Gar nicht so dumm“, murmelte einer.

„Aber wie stellt man sich dumm?“, fragte der Schmied.

„Nun, dumm zu scheinen, ohne dumm zu sein, ist nicht so leicht“, antwortete der Schweinehirt. „Aber wir sind schlaue Leute und werden das schon schaffen.“

„Dummsein ist doch mal was anderes“, meinte der Schneidermeister. „Das wird bestimmt lustig! Also ich bin dabei!“

Auch den anderen Männern gefiel der Plan. Und so beschlossen sie, in den nächsten

Wochen das Sich-dumm-stellen zu üben. Das taten sie nach Kräften.

Nur der Lehrer schaute dem Treiben kopfschüttelnd zu. „Wer klug tut, wird davon noch lange nicht klug“, warnte er. „Aber wer sich lange genug dumm stellt, wird eines Tages höchstwahrscheinlich wirklich dumm.“

Doch die Schildbürger hörten nicht auf den Lehrer, sondern lachten ihn aus.

„Da seht ihr’s, es fängt schon an!“, rief der Lehrer.

„Was fängt schon an?“, fragte der Schmied.

„Eure Dummheit!“

Da lachten sie noch viel mehr.

2. Ein ganz besonderes Rathaus

„Es genügt nicht, wenn wir uns nur dumm stellen“, erklärte der Bürgermeister. „Wir müssen auch etwas Dummes tun, damit jeder an unserem Verstand zweifelt, der nach Schilda kommt.“

„Ich hab’s, Männer!“, rief der Schweinehirt, der bekanntlich als Stadtbaumeister von Pisa den Schiefen Turm erbaut hatte. „Wir bauen ein Rathaus, aber natürlich kein gewöhnliches, sondern ein dreieckiges.“

„Das ist gut“, meinte der Bürgermeister. „Dann werden uns alle für närrisch halten.“

Gleich am nächsten Morgen machten sich die Schildbürger an die Arbeit. Zuerst galt es, im Stadtwald Bauholz zu schlagen. Der Wald lag auf der anderen Seite des Schildberges in einem Tal. Als die Männer genügend Bäume gefällt hatten, wollten sie die Stämme in die Stadt tragen.

„Wenn nur der Berg nicht so hoch wäre“, stöhnte einer.

„Vom Jammern wird er auch nicht niedriger“, entgegnete der Schmied. „Also los, pack mit an!“

Keuchend, schimpfend und schwitzend trugen die Männer Stamm für Stamm den Berg hinauf. Oben machten sie eine Pause zum Verschnaufen. Dann trugen sie Stamm für Stamm den Berg wieder hinunter. Zuletzt schafften sie auch noch den dicksten und schwersten Stamm nach oben. Dort angekommen, wurde er einigen Männern zu schwer. Sie ließen ihn fallen, der Stamm rollte davon und den Berg hinunter.

„Nun seht euch das an!", rief der Schneidermeister. „Wir mühen uns ab wie die Ochsen und der rollt ganz allein den Berg hinunter."

„Meinst du, das hätten die andern auch gekonnt?", fragte der Bäcker.

„Ganz bestimmt."

„Dann sollen sie das büßen", versprach der Bürgermeister. „Wir stellen uns zwar dumm, aber von Baumstämmen lassen wir uns nicht zum Narren halten."

„Genau", stimmten ihm die Männer zu.

Sie spuckten in die Hände und trugen Stamm für Stamm wieder den Schildberg hinauf. Da ihre Kräfte langsam nachließen, ächzten, stöhnten und keuchten die Männer noch dreimal mehr als zuvor.

Als endlich auch der letzte Stamm oben war, sagte der Bürgermeister: „So, jetzt geben wir jedem von euch einen Stoß, dann schauen wir zu, wie ihr den Berg hinunterrollt, ohne dass wir auch nur einen Finger krümmen!“

Das taten die Schildbürger und sie freuten sich wie Kinder, als die Stämme talwärts rollten.

Den Rest des Tages ruhten sie sich aus, um am nächsten Morgen mit frischen Kräften an die Arbeit gehen zu können. Da alle Bürger fleißig mithalfen, wuchsen die drei Mauern des Rathauses schnell in die Höhe. Schon nach sechs Wochen war der imposante Bau fertig und die

feierliche Einweihung konnte stattfinden. Dazu wurden alle Einwohner Schildas eingeladen und alle kamen.

Die Sonne strahlte vom blauen Himmel, die Musikkapelle spielte und der Bürgermeister hielt eine schöne Rede. Dann öffnete er das kunstvoll geschmiedete Tor und die Leute strömten in das Rathaus hinein.

Aber was war das? Schon auf der Treppe zum ersten Stock kehrten sie um und wollten wieder hinaus. Dabei stolperten sie über die, die noch hineinwollten. Es war ein fürchterliches Drängeln und Schubsen.

„Au, mein Kopf!"

„Ich seh nichts mehr!"

„Geh von meinem Fuß runter, du Trampel!“

„He, lass meinen Arm los!“

„Welcher Idiot hat mich in den Hintern getreten?“

So ging das eine schöne Zeit, bis endlich alle mit Beulen und blauen Flecken wieder im Freien landeten.

„Was war denn eigentlich los?“, fragte der Schuhmacher.

„In unserem Rathaus ist es dunkel“, antwortete der Bürgermeister, der eine Schramme an der Stirn hatte.

„Dunkel ist gar kein Ausdruck“, brummte der Schmied. „Da drin ist es stockfinster!“

„Und woran liegt das?“, wollte der Schneidermeister wissen.

Der Schweinehirt kratzte sich nachdenklich am Kopf. „Ich hab’s, Männer. In unserem Rathaus ist kein Licht.“

„Stimmt“, sagte der Bürgermeister. „Deswegen ist es da drin dunkel.“

„Stockfinster“, verbesserte ihn der Schmied.

Aber woran lag es? Warum war es in dem neuen Rathaus stockfinster? Darauf wussten die Schildbürger keine Antwort.

Am Abend trafen sie sich im „Ochsen“. Beim Bier beratschlagten sie, was nun zu tun war. Aber sie fanden lange keine Lösung. Nach dem fünften Glas murmelte der Schmied: „Am Tag gibt es doch jede Menge Sonnenlicht. Wenn wir es wie Wasser in Eimer füllen, können wir es ins Rathaus tragen und drinnen ausschütten. Das machen wir so lange, bis es taghell ist.“

„Hurra!“, riefen alle. „Das ist die Lösung!“

Gleich am nächsten Tag füllten die Schildbürger Eimer und Kessel, Kannen und Körbe, ja sogar leere Fässer mit Sonnenschein. Manche hielten leere Kartoffelsäcke in die Sonne, banden sie dann schnell zu und trugen sie ins Rathaus. Dort schütteten alle das Licht ins Dunkel. Das machten sie bis zum Sonnenuntergang.

„Jetzt wollen wir mal nachschauen, ob es in unserem Rathaus hell ist“, verkündete der Bürgermeister.

Doch so weit sie die Augen auch aufrissen, in ihrem Rathaus war es genauso dunkel wie am Tag zuvor. Da trotteten sie enttäuscht wieder ins Freie.

Wie sie so traurig und ratlos herumstanden, kam ein Wanderbursche des Wegs. „Ihr seht alle so betrübt aus“, sagte er. „Ist hier ein Unglück geschehen?“

„Das kann man wohl sagen“, antwortete der Bürgermeister und erzählte ihm die ganze Geschichte.

Der Wanderbursche betrachtete das Rathaus von allen drei Seiten. Dann grinste er und fragte: „Was bekomme ich, wenn ich euer Problem löse?“

„20 Gulden“, antwortete der Bürgermeister im Namen der Schildbürger. „Und du darfst auf Kosten der Stadt essen und trinken, so viel du willst.“

„Abgemacht“, sagte der Wanderbursche. „Und hier ist mein Rat: Wenn es in eurem Rathaus hell sein soll, müsst ihr das Dach abdecken.“

„Das machen wir morgen“, versprach der Bürgermeister.

Der Wanderbursche ging in den „Ochsen“, wo er für zwei aß und trank. Dann legte er sich ins Bett und schlief wie ein Murmeltier. Am nächsten Morgen frühstückte er für zwei, bevor er sich auf den Weg zum Rathaus machte, wo die Schildbürger schon eifrig bei der Arbeit waren.

Nachdem der letzte Dachziegel entfernt war, sagte der Wanderbursche: „Nun überzeugt euch selbst, ob ich euch zu viel versprochen habe.“

Noch zögernd traten die Schildbürger durch das große Tor – und stellten fest, dass es in ihrem Rathaus sonnenhell war!

Sie jubelten und ließen den Wanderburschen hochleben. Er nahm die 20 Gulden und verließ die Stadt.

Die Schildbürger freuten sich an ihrem hellen Rathaus – bis das Wetter umschlug. Der Stadtrat saß gerade mitten in einer wichtigen Sitzung, da fielen die ersten Tropfen. Und keine Minute später prasselte ein kräftiger Regen auf die Männer nieder. Patschnass liefen sie nach Hause.

Nachdem das dreimal passiert war, sprach der Bürgermeister: „So hat das keinen Zweck. In einem Rathaus, in das es hineinregnet, können wir nicht arbeiten. Wir brauchen wieder ein Dach über dem Kopf."

„Genau", stimmten ihm die Stadträte zu.

Also wurde das Dach wieder gedeckt.

Inzwischen erzählte der Wanderbursche in anderen Städten, dass die Schildbürger beim Bau ihres neuen Rathauses die Fenster vergessen hatten. Es dauerte auch nicht lange, bis die ersten Reisenden nach Schilda kamen, um das Rathaus ohne Fenster zu sehen. Und bald war dieses Bauwerk eines der bekanntesten im ganzen Land.

3. Der versalzene Gemeindeacker

Seit die Schildbürger als dumm und närrisch galten, lebten sie zufrieden in ihrem Städtchen. Doch von Zeit zu Zeit wurde ihre Ruhe gestört. So war es auch, als sie hörten, dass im Salzburger Land Krieg sei.

„Und weil Krieg ist, wird das Salz knapp“, erklärte ein fahrender Händler. „Ich kann euch keines mehr verkaufen.“

„Aber wir brauchen Salz!“, erwiderte der Kaufmann. „Ohne Salz schmeckt uns das Essen nicht!“

„Ihr müsst warten, bis der Krieg vorüber ist“, meinte der Händler.

„Und wann ist das?“

Der Händler zog die Schultern hoch. „Das weiß kein Mensch.“

„So lange können wir nicht warten“, sagte der Bürgermeister und rief die Stadträte zu einer außerordentlichen Sitzung zusammen. Sie überlegten hin und her, wie man das Problem lösen könnte. Aber keiner hatte eine gute Idee.

Schließlich meldete sich Bauer Heinrich zu Wort: „Wie ihr alle wisst, wächst der Zucker auf Feldern. Und Salz sieht dem Zucker doch zum Verwechseln ähnlich. Also brauchen wir auf dem Gemeindeacker nur Salz auszusäen. Dann wird es wachsen und wir haben unser eigenes Salz.“

„Genial!“, entfuhr es dem Schneidermeister. „Das ist einfach genial!“

Die Männer ließen Bauer Heinrich hochleben, gingen in den „Ochsen“ und tranken auf die geniale Idee.

Am nächsten Tag streuten die Schildbürger die Hälfte ihres Salzvorrats auf den Gemeindeacker. Dann gingen sie täglich zweimal mit Gießkannen über den Acker, damit das Salz genug Wasser zum Wachsen hatte.

Schon nach ein paar Wochen spitzten grüne Pflanzen aus der Erde.

„Das Salzkraut wächst!“, rief der Bürgermeister begeistert.

Die Pflanzen schossen regelrecht in die Höhe. Und die Schildbürger rechneten schon aus, wie viel Salz sie ernten würden.

„100 Zentner“, meinte einer. „Davon können wir sogar noch eine Menge verkaufen und viel Geld verdienen.“

Sie stellten Wachen auf, damit weder Vögel noch Diebe das wertvolle Salzkraut stehlen konnten.

Eines Morgens näherten sich Kühe und Ziegen aus dem Nachbardorf dem Acker. Ehe die dösenden Feldhüter das Vieh bemerkten, trampelte es schon in dem herrlich wachsenden Salzkraut herum. Die Feldhüter schrien und klatschten in die Hände, um die Tiere zu vertreiben. Doch die machten sich nichts daraus.

Der Lärm lockte etliche Schildbürger zum Gemeindeacker. Der Schmied überlegte nicht lange und wollte mit einem Stock in der Hand aufs Feld stürmen, um die Tiere zu verjagen.

„Bist du verrückt!“, rief der Bäcker. „Willst du auch noch unser schönes Kraut niedertrampeln?“

„Wie sonst soll ich das Vieh vertreiben, wenn ich nicht ins Feld laufen darf?“

„Das ist in der Tat schwierig“, sagte der Lehrer nachdenklich. „Da du nicht fliegen kannst, müssen wir einen anderen Weg finden. Und ich weiß auch schon, welchen: Du setzt dich auf ein breites Brett. Vier kräftige Männer heben das Brett mit dir darauf hoch und tragen dich ins Feld. Auf diese Weise wirst du kein einziges Hälmchen zertreten.“

Gesagt, getan. Vier Männer trugen den Schmied über den Acker und er verjagte mit seinem Stock das Vieh, ohne auch nur eine Pflanze zu beschädigen.

Fortan bewachten die Schildbürger das Feld noch besser, damit ihr Salzkraut ungestört wachsen konnte. Als es so hoch war, dass es bis an die Hüften reichte, wollte der Bürgermeister prüfen, ob das Salz schon reif war. Aber kaum hatte er das erste Salzkraut gepackt, zog er die Hand zurück, pustete sie an und jammerte: „Au, das beißt und brennt fürchterlich!“

„Wenn schon die Stängel so scharf sind, dann muss das Salz noch viel schärfer sein“, meinte der Bäcker. „Es ist also reif und wir können es nun ernten.“

Weil es an dem Tag sehr warm war, machten sich die Männer in Unterhemden und mit hochgekrempelten Hosen an die Arbeit. Das Salzkraut biss ihnen in Beine, Hände und Arme.

„Das ist ja schlimmer, als wenn ich mich mit zehn Nadeln steche!“, klagte der Schneidermeister.

Dem Bäcker rollten dicke Tränen über die Backen. Und selbst der Schmied, der ein harter Kerl war, brummte: „Das brennt wie Feuer und ist nicht zum Aushalten!“

Einer nach dem andern sprang wütend aus dem Acker.

„Das Salz soll ernten, wer will“, keuchte der Schweinehirt. „Ich setze keinen Fuß mehr auf diesen verdammten Acker!“

Schimpfend und kratzend gingen sie nach Hause, wo sie Hände, Arme und Beine erst einmal in kaltes Wasser steckten.

„Habt ihr das Salz schon abgeerntet?“, erkundigten sich ihre Frauen.

„Nein“, antworteten die Männer.

„Und warum nicht?“

„Weil das Salz zu salzig und damit ungenießbar ist.“

Ein paar Tage später pflügte Bauer Heinrich den Gemeindeacker um. Da kam ein Bauer aus dem Nachbardorf, der sein Korn zur Mühle nach Schilda fuhr. „Ja, ja, die Brennnesseln sind schon eine Plage“, sagte er mitfühlend.

„Wieso Brennnesseln?“, fragte Bauer Heinrich. „Das ist Salzkraut. Wir haben es selbst gesät, aber es ist so salzig, dass wir es nicht ernten konnten.“

„Salzkraut?“, wunderte sich der Bauer. „Und ich hätte schwören können, das seien Brennnesseln.“

Womit der gute Mann natürlich recht hatte.

4. Sparsame Leute

Nachdem die Sache mit dem Salzanbau fehlgeschlagen war, lautete das erste Gebot in Schilda: Sparsamkeit. Nicht nur der Stadtrat, nein, alle Schildbürger achteten darauf, dass man nichts verkommen ließ.

Eines Tages sagte der Metzger: „Mir ist aufgefallen, dass auf unserer Stadtmauer frisches Gras wächst. Da wir sparsame Leute sind, sollten wir das Gras abmähen und verfüttern."

„Das ist ein guter Vorschlag", lobte ihn der Bürgermeister. „Das machen wir."

Wir, das waren in diesem Fall die Bauern. Sie nahmen ihre Sensen und Sicheln und marschierten los. Als sie aber vor der Mauer standen, traute sich keiner hinauf.

„Sollen wir uns vielleicht die Hälse brechen?“, fragte Bauer Ludwig den Bürgermeister.

„Natürlich nicht, aber …“

„Wir müssen ein Gerüst bauen!“, fiel ihm der Schweinehirt ins Wort.

„Ein Gerüst wäre doch viel zu aufwendig“, erwiderte der Bürgermeister.

Nun war guter Rat teuer. Wie immer in solchen Situationen gingen die Männer in den „Ochsen“, um bei einem Schoppen Bier zu beratschlagen.

Nach einigen Vorschlägen, die abgelehnt wurden, ergriff der Lehrer das Wort: „Mitbürger, ich frage euch: Wer soll denn das Gras von der Stadtmauer bekommen?“

„Unser Stadtbulle natürlich“, antwortete der Bürgermeister.

Der Lehrer nickte. „Wenn er schon den Nutzen hat, soll er es auch selbst holen.“

„Der Vorschlag gefällt mir“, sagte der Schneidermeister.

„Aber wie soll der Bulle auf die Mauer hinaufkommen?“, wollte Bauer Heinrich wissen.

„Auch darüber habe ich bereits nachgedacht.“ Der Lehrer lächelte weise. „Wir brauchen einen langen Strick. Ein Ende des Strickes binden wir dem Bullen um den Hals, das andere Ende werfen wir über die Mauer und ziehen den Bullen hoch. Dann kann er das Gras in Ruhe fressen und wir haben keine Arbeit damit."

„Donnerwetter!", lobte Bauer Ludwig. „Gut, dass wir dich haben. Auf so eine Idee wäre ich nie im Leben gekommen."

Auch die anderen Schildbürger fanden die Idee ausgezeichnet. Also wurde der Stadtbulle geholt und der Vorschlag in die Tat umgesetzt.

Bauer Ludwig band dem Bullen ein Ende des Strickes um den Hals. Das andere Ende warf er über die Mauer und die stärksten Männer zogen daran. Die Schlinge zog sich immer fester zu, das arme Tier rang nach Luft und die Zunge hing ihm aus dem Maul.

„Zieht, Männer, zieht!", rief der Bürgermeister. „Der Bulle riecht das Gras schon und streckt die Zunge danach aus!"

Die Männer zogen aus Leibeskräften. Der Bulle baumelte in der Luft, verdrehte die Augen, zappelte noch einmal mit den Füßen, dann rührte er sich nicht mehr.

„Wir müssen eine Pause machen“, keuchte der Schmied, „und es dann mit neuer Kraft noch einmal versuchen.“

Aber zu einem zweiten Versuch kam es nicht mehr. Denn als der Bulle auf der Erde lag, erkannten die Männer, dass er tot war.

„Das ist ein großer Schaden für die Stadt“, klagte der Bürgermeister.

„Jammern hilft jetzt nichts“, sagte der Metzger. „Ich schlage vor, wir schlachten den Bullen und machen ein Festessen. Dann haben wir alle noch etwas von ihm.“

So geschah es. Und von dem Gras auf der Stadtmauer redete niemand mehr. Die Schildbürger fanden, man dürfe es mit der Sparsamkeit nicht übertreiben.

5. Wer kann am besten reimen?

Über die Narrenpossen der Schildbürger wurde im ganzen Kaiserreich Utopia, zu dem die Stadt Schilda gehörte, geredet und gelacht. Und so ist es kein Wunder, dass auch der Kaiser von der Dummheit seiner Untertanen in Schilda hörte. Da er in früheren Jahren oft Rat bei ihnen geholt hatte, konnte er kaum glauben, was ihm da zu Ohren kam. Deshalb beschloss er, alsbald nach Schilda zu reisen, um sich selbst ein Bild von der Sache zu machen und die Bürger auf die Probe zu stellen.

Er schickte einen Boten los und ließ Folgendes verkünden: „Unser allergnädigster Kaiser wird eure Stadt heute in 14 Tagen besuchen. Er wünscht, dass ihr ihm halb geritten und halb gegangen entgegenkommt. Außerdem wünscht er, dass

sich eure Antwort auf seine Begrüßungsworte reimt. Wenn ihr beide Bedingungen erfüllt, wird unser allergnädigster Kaiser Schilda zur freien Reichsstadt ernennen und den Bürgern die Steuern erlassen."

Die Botschaft sorgte in Schilda für viel Aufregung. Am meisten erschrak der Bürgermeister. Allein der Gedanke, den Kaiser in gereimter Form begrüßen zu müssen, brachte ihn so durcheinander, dass er den Verstand verlor und damit für sein Amt untauglich wurde.

Wer sollte nun den Kaiser begrüßen?

„Wir brauchen schnellstens einen neuen Bürgermeister!", sagte der Schmied.

„Und wen wollen wir wählen?", fragte der Ochsenwirt.

„Der Kaiser will mit einem Gedicht begrüßt werden", antwortete der Lehrer. „Also schlage ich vor, dass derjenige unser neuer Bürgermeister wird, der bis morgen das beste Gedicht verfasst."

Damit waren alle Bürger einverstanden und so wurde es beschlossen.

Sie gingen nach Hause und jeder, der Bürgermeister werden wollte, begann zu dichten. Aber alle merkten schnell, dass es ziemlich schwierig war, einen guten Vers fertigzubringen. In der Nacht lagen viele wach, weil sie verzweifelt nach passenden Reimen suchten.

Einer von ihnen war der Schweinehirt. Er wälzte sich im Bett und dichtete so laut, dass seine Frau davon aufwachte.

„Was ist denn mit dir los?“, wunderte sie sich.

„Ach, es ist zum Verrücktwerden!“, klagte er. „Ich finde keinen Reim und möchte doch so gern Bürgermeister sein!“

„Dann wäre ich ja die Frau Bürgermeisterin“, überlegte sie.

„Wäre, wäre!“, rief er. „Aber du wirst es nicht, weil ich nicht reimen kann!“

„Was gibst du mir, wenn ich dir einen Reim mache, mit dem du Bürgermeister wirst?“

„Einen schönen neuen Pelzmantel“, versprach ihr Mann.

Sofort begann sie zu dichten:

„Ihr lieben Herrn, ich tret herein,
meine Hausfrau heißt Kathrein,
ist schöner als mein schönstes Schwein
und trinkt gern guten, kühlen Wein.“

Sie sprach ihm das Gedicht 99 Mal vor und er musste es 99 Mal nachsprechen. Da glaubte er, es im Kopf zu haben.

Am nächsten Morgen traten alle vor den Stadtrat, die ein Gedicht aufsagen wollten. Den Anfang machte der Schmied:

„Der Meister Schmied bin ich genannt,
den Hammer schwing ich in der Faust."

„Hoppla!", sagte Bauer Heinrich und trat vor:

„Ich bin ein rechtschaffener Bauer
und lehne meinen Spieß an die Wand."

„Das kann ich besser", behauptete der Bäcker:

„Ich heiße Meister Hildebrand
und lehne meinen Spieß wohl an die Mauer."

„Mit solchen Reimen kann man doch den Kaiser nicht begrüßen!", entrüstete sich der Müller und gab sein Gedicht zum Besten:

„Ihr Herrn, ich möcht gern Schultheiß sein,
darum bin ich zu Euch gekommen hierher."

So ging es noch eine ganze Weile fort. Die Stadträte schüttelten jedes Mal den Kopf.

Endlich kam auch der Schweinehirt an die Reihe. Durch das lange Warten war er ziemlich aufgeregt. Er trat vor und sprach:

„Ihr lieben Herrn, ich tret hierher,
meine Hausfrau heißt Kathrein,
ist schöner als mein schönstes Schwein
und trinkt gern guten, kühlen Most.“

„Ei ja!“, entfuhr es einem Ratsherrn. „Auch wenn sich sein Gedicht noch nicht ganz reimt, so klingt es doch nach etwas.“

„Außerdem ist es länger als alle anderen Gedichte, die wir gehört haben“, unterstützte ihn ein Kollege.

Und nach kurzer Beratung wurde der Schweinehirt zum neuen Bürgermeister gewählt.

6. Der Kaiser kommt

Nachdem ein neuer Bürgermeister gewählt war, galt es nun, die Bedingungen des Kaisers zu erfüllen. Wie sollten sie ihm „halb geritten und halb gegangen“ entgegenkommen?

Einige meinten, man solle sich in zwei gleich große Haufen teilen: Die eine Hälfte solle reiten, die andere Hälfte zu Fuß gehen.

„Unsinn!“, widersprach der Bäcker. „Der Kaiser möchte bestimmt, dass jeder einen Fuß im Steigbügel hat und mit dem anderen Fuß geht.“

„Und wie soll das funktionieren?“, erkundigte sich der neue Bürgermeister.

„Das müssen wir eben ausprobieren“, antwortete der Bäcker.

Der Schmied zeigte ihm einen Vogel. „Dabei würden wir uns alle das Kreuz ausrenken!“

„Hast du einen besseren Vorschlag?“, fragte der Bäcker beleidigt.

Den hatte der Schmied nicht – aber der neue Bürgermeister. „Gestern habe ich einen Jungen auf seinem hölzernen Steckenpferd reiten sehen“, sagte er. „Wenn wir dem Kaiser auf solchen Steckenpferden entgegenreiten, sind wir halb zu Pferd und halb zu Fuß.“

„Potzblitz!“, rief der Schuster. „Darauf muss man erst mal kommen! Ich glaube, mit dir haben wir den Richtigen zum Bürgermeister gewählt.“

Also gab jeder Schildbürger beim Schreiner ein Steckenpferd in Auftrag. Der strengte sich besonders an und machte eines schöner als das andere. Schließlich sollten sie das Auge des Kaisers erfreuen.

Am festgelegten Tag hielt der Wachmann auf dem Turm aufmerksam Ausschau. Und als er die Kutsche des Kaisers in der Ferne entdeckte, schrie er hinunter: „Er kommt! Er kommt!“

Sofort schwangen sich die Männer auf ihre bunten Holzpferdchen, schnalzten mit den Zungen und ritten im Galopp zum Stadttor hinaus, ihrem Kaiser entgegen.

„Weißt du noch deinen Reim?“, wollte die Frau des Bürgermeisters von ihrem Mann wissen.

„Ja, ja“, beruhigte er sie.

Sie hatte mit ihm die Begrüßung 99 Mal geübt.

Er sollte zum Kaiser sagen: „Herr Kaiser, seid uns willkommen!“

Darauf, so meinte sie, würde der Kaiser erwidern: „Danke, Bürgermeister, du mir auch.“

Dann sollte er antworten: „Wo kein Feuer brennt, ist kein Rauch.“

Mit diesem gelungenen Reim wäre auch die zweite Bedingung des Kaisers erfüllt.

Als die Schildbürger näher kamen, ließ der Kaiser die Kutsche anhalten und stieg aus.

Er schüttelte den Kopf – und lächelte. So etwas hatte er noch nie gesehen.

Der Bürgermeister stieg von seinem Steckenpferd, verbeugte sich tief und sagte: „Herr Kaiser, seid uns willkommen!"

„Hab Dank, mein lieber Bürgermeister, hab Dank!"

„Hä?", wunderte sich der Bürgermeister und schaute den Kaiser verwirrt an.

„Was heißt hier ‚hä'?", fragte der Kaiser.

„Ihr … Ihr habt … äh … nicht richtig geantwortet", stammelte der Bürgermeister.

„Ach", sagte der Kaiser erstaunt. „Und wie wäre es richtig gewesen?"

„Wenn Ihr gesagt hättet: ‚Danke, Bürgermeister, du mir auch.'"

Der Kaiser lächelte. „Na, dann will ich meinen Fehler rasch korrigieren: ‚Danke, Bürgermeister, du mir auch.'"

„Wo kein Feuer brennt, ist kein Rauch", ergänzte der Bürgermeister erleichtert seinen eingeübten Satz.

„Hä?", rutschte es nun dem Kaiser heraus. „Was soll das?"

„*Rauch* hat sich auf *auch* gereimt“, erklärte der Bürgermeister. „Und damit habe ich Eure Bedingung erfüllt.“

„Ach so, ich verstehe“, sagte der Kaiser. „Aber jetzt habe ich noch eine Frage: Warum reitet ihr auf Steckenpferden wie die Kinder?“

„Weil Ihr von uns verlangt habt, dass wir Euch halb geritten und halb gegangen entgegenkommen sollen“, erklärte der Bürgermeister. „Haben wir diese Aufgabe nicht klug erfüllt?“

Der Kaiser fing an zu lachen und lachte wie noch nie in seinem Leben. Als er sich endlich wieder beruhigt hatte, fragte er seinen Kanzler: „Habt Ihr so etwas in meinem Reich schon einmal gesehen und gehört?“

„Nein, Majestät, noch nie.“

Der Kaiser flüsterte: „Dass es so viel Dummheit gibt, hätte ich nicht für möglich gehalten.

Die Leute hier sind also schon gestraft genug. Meint Ihr nicht auch?“

Der Kanzler nickte.

Dann wandte sich der Kaiser wieder an den Bürgermeister: „Da ihr meine Bedingungen auf so ungewöhnliche Weise erfüllt habt, werde ich Schilda zur freien Reichsstadt ernennen und allen Bürgern die Steuern erlassen.“

Das freute die Schildbürger über alle Maßen. Sie ritten auf ihren Steckenpferden voraus in die Stadt und gaben für ihren Kaiser ein großes Fest.

7. Der Maushund

Nachdem das Fest zu Ende war und der Kaiser die Stadt verlassen hatte, kehrte wieder der Alltag ein. Und zum Alltag gehörten in Schilda Mäuse, denn dort gab es keine Katzen. Ja, auch wenn man es fast nicht glauben kann: Die Schildbürger hatten noch nie eine Katze gesehen. Und wo es keine Katzen gibt, tanzen die Mäuse bekanntlich auf den Tischen. Vor den kleinen Nagern war nichts sicher, weder die Würste und der Schinken in den Vorratskammern, noch das Korn auf den

Speichern. Selbst Kleider und Schuhe, Bettdecken und die Schulranzen der Kinder nagten sie an. Und von Tag zu Tag wurden es mehr.

Eines Tages saßen die Männer mal wieder im „Ochsen", um bei einem Schoppen Bier nach einer Lösung des Problems zu suchen. Da kehrte ein Fremder ein, der eine Katze bei sich hatte.

„Was ist denn das für ein Tier?", fragte der Ochsenwirt.

Weil der Wanderer glaubte, der Ochsenwirt wolle einen Scherz mit ihm treiben, antwortete er: „Ein Maushund."

Da spitzten die Schildbürger ihre Ohren.

„Fängt der Maushund Mäuse?", wollten sie wissen.

Der Fremde nickte. „Das ist sogar seine Lieblingsbeschäftigung."

„Dann ist er hier bei uns genau richtig", meinte der Bürgermeister. „Wir haben nämlich eine regelrechte Mäuseplage. Dein Maushund soll uns mal zeigen, was er kann!"

Der Fremde ließ die Katze los. Und weil die Schildaer Mäuse nicht wussten, was eine Katze ist, waren sie sehr zutraulich. So dauerte es nicht lange, bis diese eine große Anzahl der kleinen Nager erlegt hatte.

„Donnerwetter!", rief der Bürgermeister beeindruckt. Er wollte wissen, ob der Maushund verkäuflich sei und was er kosten würde.

Weil der Fremde gemerkt hatte, dass die Schildbürger tatsächlich nicht wussten, was eine

Katze ist, dachte er bei sich: Die sind so dumm, da kann ich einen guten Preis aushandeln. „Tja“, sagte er, „Maushunde sind sehr selten. Und eigentlich ist meiner unverkäuflich. Aber weil ihr so dringend einen braucht, würde ich euch dieses Prachtexemplar für 100 Gulden überlassen.“

Der Bürgermeister riss Mund und Augen auf. „100 Gulden! Das ist aber sehr viel Geld für so ein kleines Tier.“

„Ihr müsst es ja nicht kaufen“, meinte der Fremde nur.

Die Männer redeten heftig auf ihren Bürgermeister ein und schließlich stimmte er zu, das Geld aus der Stadtkasse zu holen.

Der Fremde aber machte sich mit den 100 Gulden schnell aus dem Staub. Kaum hatte er die Stadt verlassen, kam ihm auch schon jemand nachgelaufen und wollte wissen, was der Maushund fresse. Der Fremde rief von Weitem: „Was man ihm beut*!“

Der Schildbürger verstand: Das Vieh und die Leut! Er lief schnell in die Stadt zurück und rief:

---

*beut: altertümlich für bietet

„Wenn es bei uns keine Mäuse mehr gibt, wird der Maushund erst unser Vieh und dann uns selber fressen!"

Die Schildbürger erschraken.

„Wir müssen das Biest fangen und töten!", forderte der Schmied.

„Unser schönes Geld", jammerte der Bürgermeister.

„Lieber ist das Geld futsch als unser Vieh und wir!", hielten die Männer dagegen.

Sie jagten die Katze, die ängstlich ins Rathaus flüchtete. Drei mutige Männer schlichen hinein. Nach einiger Zeit kamen sie wieder heraus. „Es ist wie verhext, das Biest lässt sich nicht fangen."

„Dann gibt es nur noch einen Ausweg", sagte der Schmied. „Wir müssen das Rathaus anzünden. Ich weiß, das ist bitter. Aber es ist immer noch besser, der Maushund verbrennt samt Rathaus,

als dass wir alle um Leib und Leben fürchten müssen."

Also zündeten sie das Rathaus an. Die Katze floh vor den Flammen aufs Dach. Von dort sprang sie in Todesangst aufs Dach des Nachbarhauses. Da zündeten die Schildbürger auch

dieses Haus an. Und weil die Katze von Dach zu Dach sprang, brannte bald ganz Schilda.

Am nächsten Morgen standen die Schildbürger zwischen den Trümmern ihrer Stadt. „Alles ist zerstört“, klagten sie, „nur der verdammte Maushund nicht.“

„Wie lange werden wir wohl brauchen, bis wir unser schönes Schilda wieder aufgebaut haben?“, murmelte der Bürgermeister.

„Aufbauen?“, fragte der Schuster. „Wo dieses Teufelstier hier sein Unwesen treibt? Nein, ich ziehe in eine andere Stadt.“

„Ich auch“, sagte der Bäcker. „Mich halten hier keine zehn Pferde mehr.“

Wie der Schuster und der Bäcker entschieden sich schließlich alle Schildbürger, eine neue Heimat zu suchen. Sie ließen sich an vielen Orten nieder. Ihre Kinder, Enkel und Urenkel und deren Kinder, Enkel und Urenkel leben heutzutage in aller Herren Länder. Deswegen braucht man sich nicht zu wundern, dass es in jeder Stadt und in jedem Dorf Leute gibt, denen man anmerkt, dass sie von den Schildbürgern abstammen.